Para todos los obstáculos y nuevas victorias

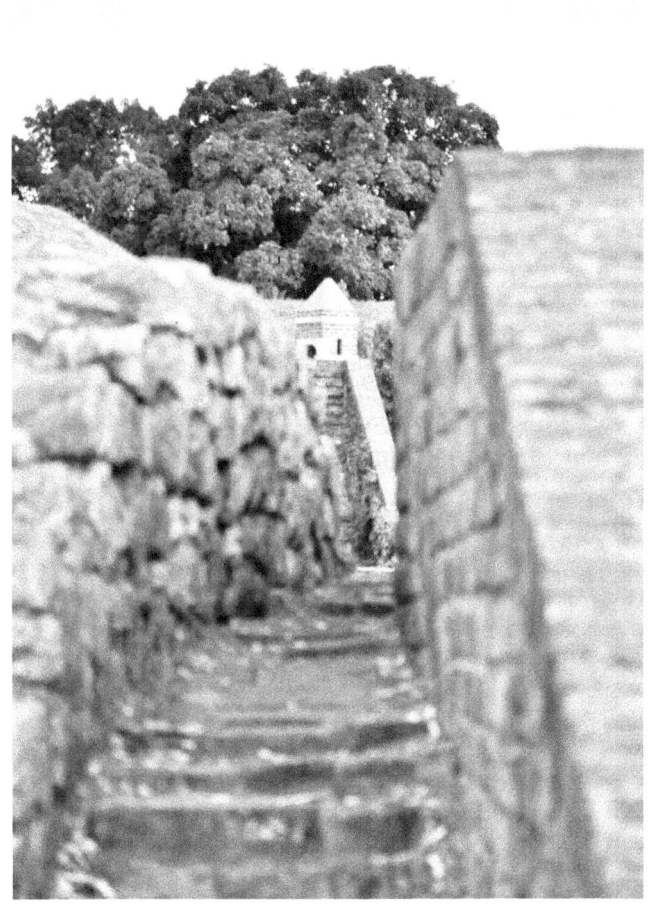

La pluma del Dragón

El fuego está en el ojo… ¡Vaya sueño! Una sola pluma del Dragón era suficiente para hacer los nubes…temblar…Las alturas dentro del profundo abismo le hacían daño, cada vez cuando no podía mantener la calma. Se recordaba del juramento que heredó de sus antepasados. Desafortunadamente.

En el Oeste, el nacimiento se celebraba dentro de los pasillos oscuros, mientras él estaba huyendo…de sí mismo. Él no tuvo confianza en su compañero del viaje, y por lo tanto, se remontó en la profundidad de la cual no estaba consciente cuando los Ancianos del clan le habían contado.

Mientras estaba nadando por las nubes, se preguntaba, cuál era el significado de la palabra 'ala'. Se preguntaba y aún seguía nadando.

Moghedien

La red de la araña brillaba en la oscuridad. Su dueño la había abandonado hace mucho tiempo. Ya no había ningún alma alegre. Incluso los pasajeros casuales ya no eran casuales.

La lluvia hacía ecos en los hilos del llanto. El remordimiento, es demasiado temprano. No hay más tiempo. La verdad se ha ido...

La mentira era ciega. Estaba mirando como los sueños besaban la muerte con los labios de un niño, en el fervor de un abrir y cerrar de ojos. ¡No importa! Los hilos están arruinados. La ausencia de la fuerza, del coraje...para siempre.

La alegría

La vista de tu libertad está limitando mis pensamientos. Esta encerrándoles dentro de un triángulo, como una babosa amada por su familia dentro de su hogar, humilde y afectuoso.

Dentro de los olorosos y brillantes túneles de alcantarilla, estoy siendo perseguido por los sombras. Me rio de mi alegría que reside alta, ya que tu mente está, infinita, debajo de los elementos, como 'la palabra'.

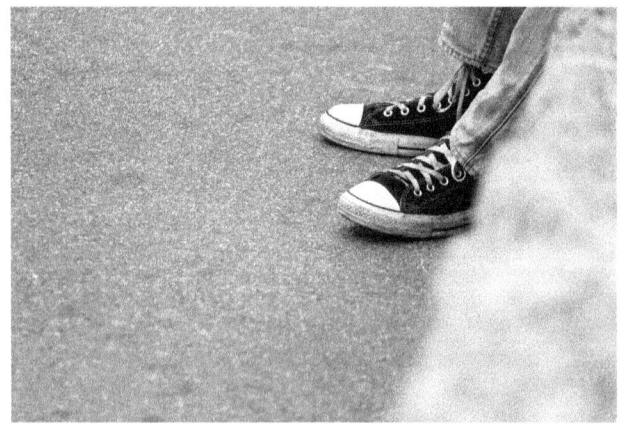

La canción de cuna

Existen diferentes tipos de puerta. Las peores son las cerradas. No puedes entrar sea lo que sea el precio que estás dispuesto a pagar. Sea lo que sea…

Me despierto de una pesadilla solo para tener otra, y otra, y…Los demonios da la verdad están despiertos. ¿Por qué no os vais a dormir? ¿Qué es lo que queréis de mí?

La ira, el dolor, el sufrimiento…están en igualdad con la musa décima. Ella, solía escribir, ya no. ¡El arte esta difunto!

¡Suéltame! Quiero escribir sobre la verdad, quiero amar mis hijos muertos. Quiero calentarles con los glaciares de mi corazón que está escuchando las canciones de cuna en el cementerio. Las canciones de cuna del pasado.

La canción de esqueleto

En algún lugar profundo de mi ojo, vives tú, en silencio. Intento a probar la absenta, diseñada para los miserables olvidados, escondida en la ambrosia. El valle de la muerte es tan alegre cuando los esqueletos del futuro están cantando. ¡Silencio! ¡Disfruta de su silencio! Disfruta…

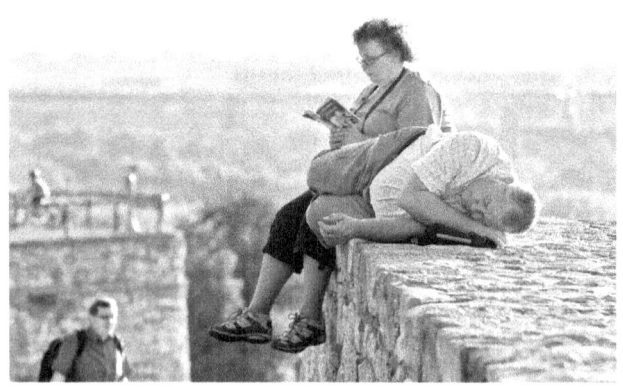

Las preguntas y las respuestas

Él se estaba preguntando ¿por qué nació en el Hades? Pero no buscó la respuesta, porque ya sabía que no iba a recibirla. Ni siquiera en sus ilusiones y deseos más profundos.

Él detestaba ese juego, y sin embargo…lo jugaba con toda su alma. Claro, jamás ha jugado con sus propias reglas. Toda su vida estaba un perro miserable con la correa, una correa suficiente larga como para caminar a las mil maravillas junto a pierna de su amo.

Intentaba a atraer la atención de su amo en sí mismo, en su persona. Si, intentaba. Todo lo que logro era satisfacer su amo, gimiendo por la piedad debajo de la luna.

¿Piedad para él? ¡Nunca! ¿Y para su dueño? ¡Siempre!

De un día a otro, de un nivel a siguiente, él jugaba…

La subida de estrellas

La estrella caída ha marcado el derroto de su pensamiento, levantado en los fondos bajos. Él caminó hacia delante con sus ojos cerrados; a través del hilo que solo él pude ver, en sus pensamientos que silbaban como unos huracanes congelantes en el medio de un volcán, que disparaba hojas verdes en el suelo, para encontrarse con su estrella, su amor caído.

El destino

El bien conocido sentimiento del hedor corría por sus venas, mientras él vivía en el mundo inodoro. No podía sin pensar en cómo se arrodillaba en su mierda para rogarle…para los tiempos peores cuales amaban juntos con sus pulmones quemados, como los corazones no los tenían. Ni siquiera sabían el significado de esa palabra, por lo mucho que intentaban a recordarla, o por lo menos recordarse como sonaría en el porvenir que no iba a existir. No va a existir, porque es el destino.

La mujer

Un pétalo representa el laberinto de tus labios que me recuerdan a miel. Una miel ya podrida en las memorias de la madrugada, mientras yo estaba cruzando los mares buscando la salvación- la orilla.

Yo rezaba por tu espíritu, para que viviera en las montañas que te desafiaban. En las montañas que representaban el obstáculo para tu mente que se levantaba encima de ellas. Pensaba en el desierto…

Quería que tu bosque negro fuera solamente mío, que oliera a los vientos que me captivaron en un remolino sin fondo. Sin Esperanza.

El horizonte parece estar torcido. Esta advirtiéndome sobre la naturaleza que yo no entiendo, y yo querría soñar con los caballos salvajes en la valle. Los caballos que solían andar solo para adelante, nunca para atrás.

El genio de un eco dura para siempre, como las agujas del hielo que desaparecieron en la erupción del volcán. Me preguntaba, ¿qué era eso? ¿Me importa? Todavía, la verdad.

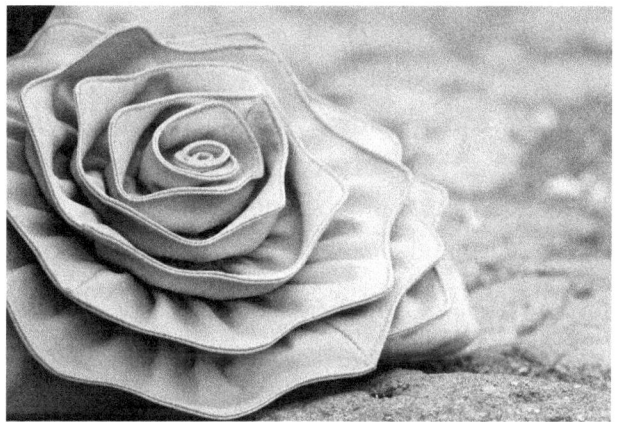

Lo siento

La reflexión de la luna en el espejo refracta hacia el horizonte, encima de los ojos que rezan. ¿Debería suplicar por una sonrisa? ¿Pupila aislada? ¿O el cuerpo que no se da cuenta? Lo siento…El rayo de oscuridad desaparece despacio, se desvanece en el punto del deseo. El deseo, como un impulso. ¡¿Necesidad o codicia?!...por todo el dolor…El olor de la luz al fondo de un paño negro rayado con lagrimas. Histeria como perlas, sin embargo negra en el mar muerto. Un movimiento y, el rey se hundió. ¡El juego se ha acabado!...que te causé…El camino no existente, encadenado con las barras que tocaron las alas de un ángel amado. Un ángel que sufre de palabra siendo tragado por la oscuridad. El amor…Te amo.

La raza sublime

La lluvia ardiente está cayendo sobre nosotros, como una advertencia, de nosotros mismos y nuestros hechos infamantes que habíamos cometido en los días de ceguera. La profecía de nuestro derroto era escrita en las estrellas, pero no la entendimos. Ni siquiera quisimos entenderla, porque pertenecíamos a la raza divina. El aria voló desde la madrugada de creación, pero no nos permitió a cambiarlo con nuestra voluntad.

No vimos el cuerpo debajo de los arboles que habían caído en su podredumbre y el hedor. No los vimos porque no queríamos verlos. Pensábamos que era posible ir para delante imponiendo nuestros propios tonos y notas. Los tonos y notas en el silencio agudo, por los cuales estamos muriendo como animales que se fueron en silencio debajo de nosotros. No acabaremos olvidados, por doloroso que fuera ensuciar nuestras rodillas en el polvo que habíamos hecho nosotros mismos.

La última nota del aria

Las sirenas mudas partieron el aire con su mirada, en millones de agujas heladas, las cuales cayeron en su mente, haciendo heridas en su memoria, la memoria que debe venir. La memoria a la que él amaba, la que le causó el dolor, como el primer respiro que ha tomado en el silencio, y que fue cantada por la tejedora, evitando que el aria que ella tejió se violara por el chicharrón del hilo moderado. Estaba cayendo más y más profundo, y más…en la profundidad, al fondo que él no vio y que sí lo vio en el mismo tiempo. Gritaba, pedía ayuda…el silencio. Esperaba, rezaba…el infierno.

Un pensamiento

Los silbidos de las miradas de otra gente que estaban matando las moscas en la carroña recién enterrada. Ellos estaban destruyendo el regalo que le hacía feliz a él, que le hacía orgulloso de sí mismo, de sus amados hijos. Los silbidos de los caprichos de otra gente, que no le permitieron tener una exposición en el museo.

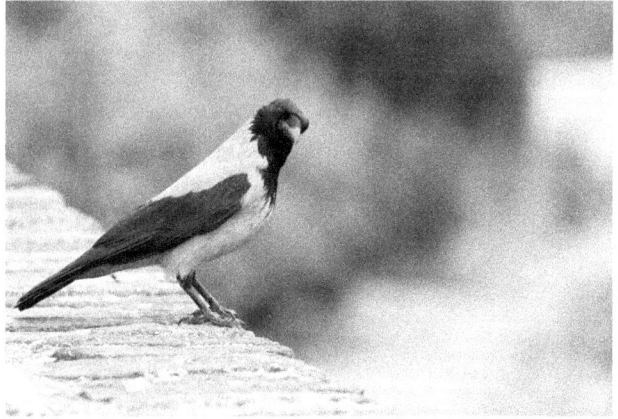

La zona del crepúsculo

Los rugidos daban el ritmo al los somnolientos tambores despertados. Nuevas tumbas, aunque viejas, tienen un nuevo residente, Mushin Shin. ¿Puedes oírle invitándote en el bosque? Aaaaaa….

Pasos desafilados, eternidad perpetua. ¡Nooo, lárgate! ¡Aaaaa! El sonido agudo de guillotina brilló en la luz gris de aburridas fantasmas del pasado.

La llama de las trompetas es suficiente para iniciar la Rueda, como los rezos olvidados en el silencio de las fanfarrias.

Ceguera para los olores de corrientes sépticos con sabor de lilas quemadas...para la espera de…la madrugada.

Mirando hacia atrás

Dando la espalda, ellos están viniendo con sus ojos cerrados. El cielo ya no está llorando. Anímate mi alma triste. ¡Estate alegre en tu soledad! La soledad no es la necesidad, es al amor. La cuestión, la respuesta irrelevante…ahora y para siempre.

Gota a gota. El acertijo se está componiendo en la zanja que ni siquiera los diablos visitaban. No, tienen miedo da la estrella acensada en su caída. El monte y el árbol. El desafío de la verdad.

El cielo está sangrando desde los puntos rojos. Es la culpa de aguijones. Ahora y nunca. ¡Para siempre!

El hoyo negro en los pensamientos

Algunas veces, le gustaba sentar. Él no tenía un objetivo que otros entendieran. Le gustaba la lluvia y no hay más que decir sobre eso.

Era como si solía parar para que pudiera ver los ojos ajenos, los labios ajenos. No entendía. ¡Jamás entenderá! Quedó solo con una sola pregunta, '¿por qué?'!

Está hablando, en vano aparentemente. De repente todos están sordomudos, ¡o quizás aun locos! Eso fue hace mucho tiempo, los recuerdos están desvaneciendo. Muy pronto, nadie se va a recordar de él. Solo una hoya negra en los pensamientos monótonos.

En el pardusco y en la hierba verde. Los rayos del Sol, ¡nunca más!

¡¿La justicia?!

Las escaleras fangosas y el arroyo séptico, es como imaginaban la feria de los productos cárnicos. La lluvia mordaz lloraba de las nubes, encima de los tristes cuerpos injustamente enterrados.

Destruidos en la sangre, amados en la placenta, odiados en el infierno, están pensando en la mañana…

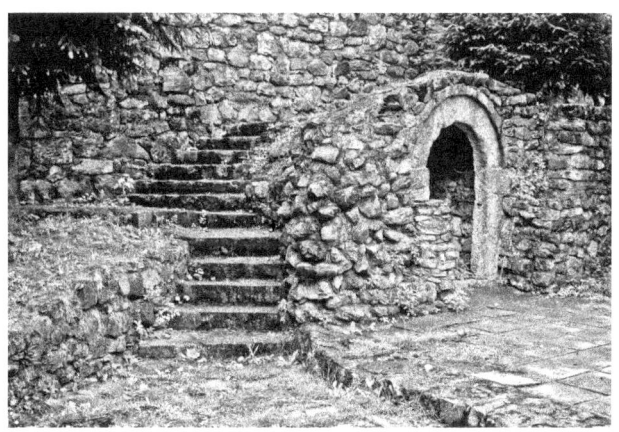

Trapos en el asfalto

Los trapos en el asfalto están en correlación con la monstruosidad. ¿Cuántas veces nuestro aliento ha tenido mal olor? ¿Cuántas veces hemos puesto nuestras cabezas en los pozos negros? Comíamos sin hablar, y jamás hemos preguntado '¿por qué?' ¡Jamás!

Habríamos comido otro tipo de delicias también. Si, habríamos disfrutado comiendo bruscates de recién nacidos bebés, o bebiendo la sangre de vampiros. He oído una vez que las entrañas de los cadáveres enterrados recientemente, llenos de gusanos, eran los más deliciosos, especialmente sazonados con la absenta y la orina.

Lo sé…Siempre somos insaciables, buscando nuevos especialidades. No, queridos… ¡No me preguntéis por qué! ¡Simplemente no preguntéis! Es un consejo de mi corazón. Si no me hagáis caso, ¡temo que vosotros también se convirtáis en nuestro alimento!

La reflexión del cielo

El llanto que ahoga los poros de piel. Un solo momento era suficiente para que se perdiera la chispa. La sangre iniciaba un incendio, con más fuerza, más dolor. No hay tal silencio en el viento, como la que producen los truenos de mis huesos que quebraban bajo la corriente de acuciantes heces.

Una vez más, el camino que una vez era, quedó sin su guardián amado. El llanto sobre la verdad mentirosa, una y otra vez.

Un niño muerto en silencio miraba a su felicidad. Se recuerda de los tiempos cuando le gustaba el aliento de la muerte. El hacha manchada con sangre estaba cortando los brazos, los pies, las cabezas…

La sangre iniciaba un incendio, con más fuerza, más dolor. No hay tal silencio en el viento, como la de oscuridad conquistadora., que ahoga las memorias de…

El cielo

Un trozo de felicidad no era suficiente. Él deseaba las Alturas. Él deseaba…lo inalcanzable. Intentaba volar usando un ala de pavo real aplastada. Para hacer reales a sus deseos y sus sueños. Quería imitar al pájaro del paraíso, pero cada vez que abrió su boca, difundía la muerte y la oscuridad que le sofocaban.

Un viento, pequeño, imperceptible, batía como maldito huracán en el polo norte, en medio de verano caliente. El no vio…las alturas. Pero las quería. Las quiere. Las querrá…

El amor

Como unas espinas sobre el agua, él estaba pensando en los pétalos. Él amaba la introducción al dolor. El dolor dura mucho. El agua no pudo quitar la sangre de su amor. La corriente se hace más fuerte en su debilidad.

Parece que el final se acerque, la terminación larga. No, él no quería admitir la verdad sobre la victoria perdida. No quiere recordar del dolor causado por las espinas de una rosa quemada, que está muriendo.

La casa de Minotauro

Yendo a la izquierda, a la derecha, para delante, para atrás, rápido, despacio, paso a paso… ¿se tiene que hacer eso? ¿Tenemos que seguir yendo? ¿¡Por qué no simplemente sentar y esperar?! Esperar por nada. Tal vez aparezca. Ahora, ¡o quizás nunca!

Él quiso caminar, solo, escuchando lentamente, lo que estaba contado y lo que no estaba contado. Pensó que el final existía, aún, pensó. Renunció a su esperanza, a su ser.

Él está sentando por mucho tiempo. Si, estaba sentando por mucho tiempo. El final está a su lado, pero él todavía no ha entrado en el túnel.

El final. Una mirada era suficiente.

Verde

Verde es el color de la vida que salta tu ojo. La alfombra sobre que caminamos sin mirar hacia atrás. Las pupilas gemidas no son necesarias.

Las olas verdes estaban acariciándonos al borde, mientras estábamos recobrando el aliento, cuando los besos estaban cayendo sobre nuestros cuerpos aplastados.

Verde es el color del cielo que él oye cuando sueña con los glaciares verdes de su mundo, las que se les olvidó el crujido de los días después de la creación.

Verde es el sabor de la amargura que, en los momentos de nuestra modestia, nosotros comíamos con un hambre voraz.

Verde es el color. Verde es el sol que se recuerda. Verde es el color. Verde es el mar que nos hundió. Verde es el color. Verde es el corazón que comimos. Verde es el color…de la muerte.

El ajedrez

A él le gustaba jugar, frecuente, cuando era un niño. Le gustaba estar en contrasto con el crepúsculo. Le gustaba vivir en la ironía. La gustaba la oscuridad, pero aún si, la odiaba. Indefinidamente.

Él no escogió su rola en el juego. No la escogió, pero deseaba la cima inalcanzable. Hizo la paz con las reglas. ¡¿Es eso la justicia?!

Paso a paso, caminaba hacia delante. Nunca hacia atrás…aunque lo quiso hacer. Luchaba contra su insaciabilidad. En vano. La batalla, es un juego injusto. Un juego en el que él siempre ha sido un esclavo. Un juego en el que él siempre ha sido un perro moribundo en la cadena aprieta. Un juego en el que él siempre ha sido lleno.

Tres cerditos

¡¿Cómo es posible que no te recuerdes de los tiempos en los cuales yo solía chupar la grasa?! ¡¿Qué grasa?! No era importante, ¡no elegía! La de cerdo, de ganso, de res...pero prefería la grasa humana. No, no era caníbal, pero me gustaba experimentar, con mi boca llena desde luego. Hmmm... ¡¿La última cosa que recuerdo?!...es durmiéndose en la cama con mis mascotas.

¿Por qué estoy aquí? ¿Y tan gorda? ¿Qué? ¡¿Siempre he sido así?! Papá, yo...

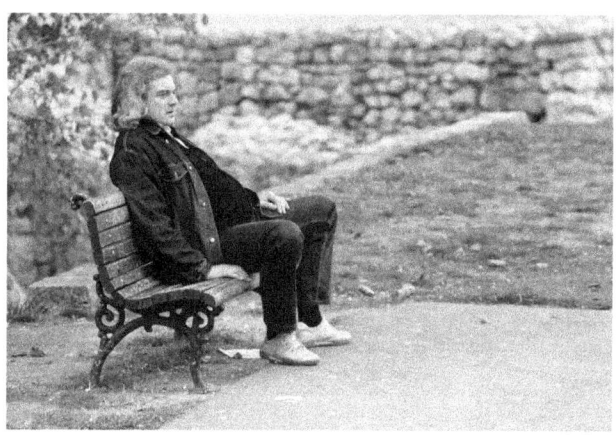

Sentimiento

La velocidad de una hormiga arrastrándose encima de los quemados discos del pasado. La tinta estaba fluyendo de sus ojos. No vio la luz de la luna.

¡Silencio! Ni siquiera un paso puede ser oleado, como antes. La música dentro de su cabeza, sin notas. No hay sabor en su lengua, solo el sentimiento del hígado de la boca de un cuervo. ¡Solo eso y nada más!

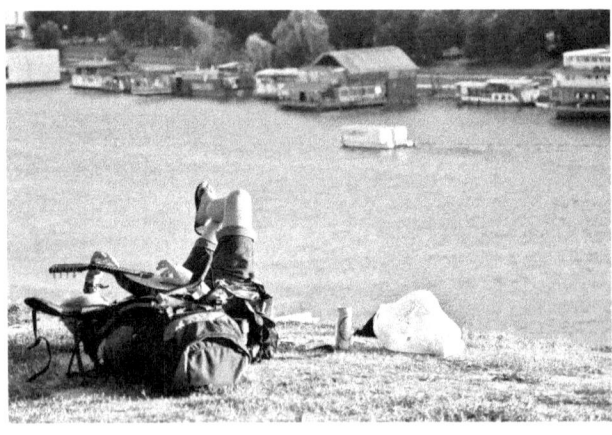

Perdóname

A veces me pregunto sobre el tiempo, por qué todavía soy el mismo como siempre he sido. Me siento mal levantando mi mano, mientras tu orgullo te impide a parpadear.

Unos hilos negros vienen a mi sueño, sin confesión, sin perdón.

Como un cigarrillo quemado, tirado como una colilla, estoy esperando a unas respuestas. ¡El perdón, nunca!

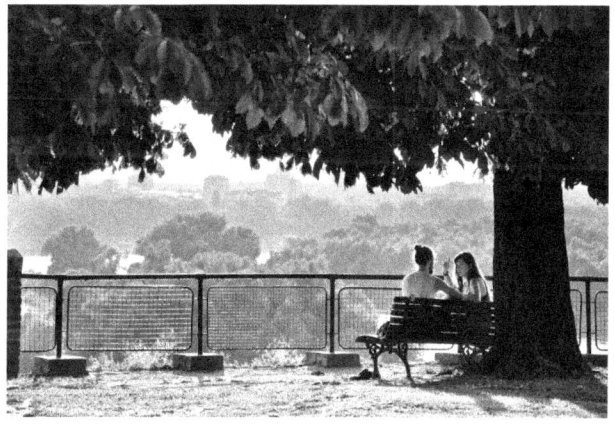

Discrepancia de los deseos

Acantilado arenoso, largo, como eternidad. Pidiendo a los cielos por unas gotas para despertarle en un pantano. Un sueño que él quiere olvidar. Pidiendo a los cielos por días ardientes para que el suelo se haga más fuerte en la esperanza creciente, la verdad.

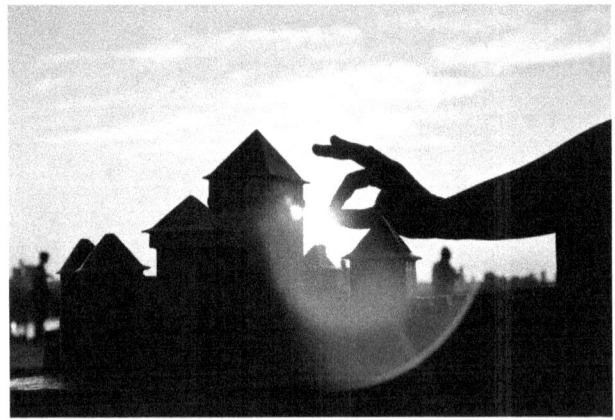

La rueda de deseos

Una rosa que solo es un brote, quemó. El aria de la vida que le dio una oportunidad más, una oportunidad por la que no pidió, pero le obtuvo de todos modos.

Las alas del pájaro se van, dejando una mirada para acompañarle en su viaje al oeste, a la migración.

Los ojos tristes…No, ya no están llorando. Se han secado.

La gota de sangre causada por la espina en el ojo, en los océanos azules, inocente como la sonrisa de un recién nacido.

La rueda, se está girando de nuevo, la fortuna de un hombre, la muerte de otro!

El misterio

Estoy mirando otra vez hacia los cielos, con los latidos de una aguja del reloj abiertos. Estaban hablando de las hojas en caída. Les creía indefinidamente, sin condiciones.

La descendiente explosión en un abrir y cerrar de los ojos, un momento memorable. ¿Es eso valor?

El signo sin punto, no promete mucho en el lodo negro. El largo del hilo es un misterio, pero suena como un eco de la certeza dentro de una manada.

El susurro de la cruz junto con el sonido del agua que cae y silencioso gemido de una rueda.

Un coro que propicia los picos cubiertos con nieve, es una razón para…

Un paso dirigido por la mano, hacia un pequeño punto blanco. ¡No, no te vayas por ahí! Es un laberinto que te espera y unas lombrices que comen los cerebros. No, otra vez, todavía, un misterio...

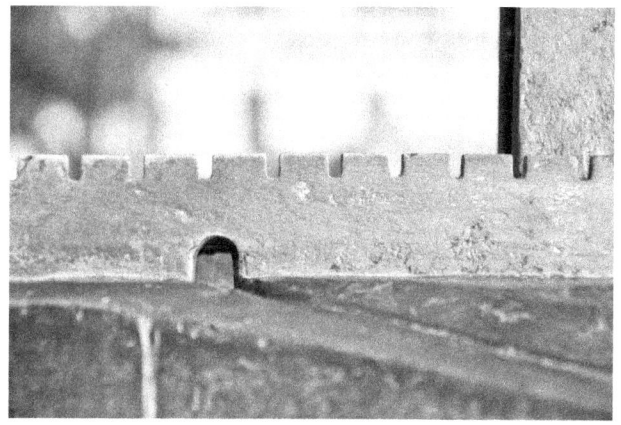

Quiero….

La mar negra que sofoca los pulmones. Yo quiero…No puedo…No debo…para siempre…

La semilla de la perdición se llama…No puedo…No debo…Para siempre…

El parpadeo del respiro que prometió un nuevo…No debo…Para siempre…

La blancura olvidada por los miserables en… ¡Para siempre!

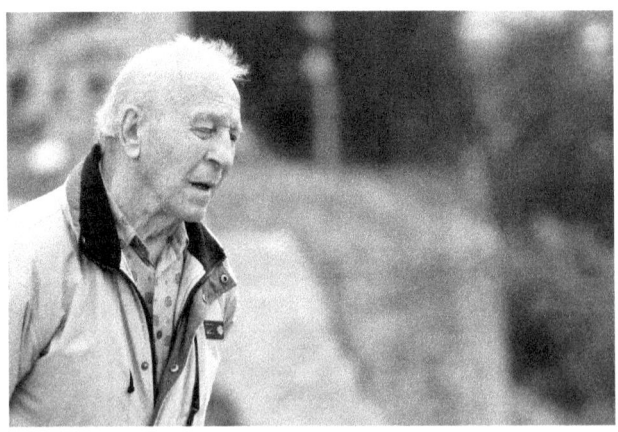

El aliento de la verdad

El aliento de la verdad en la mirada de un pobre tipo soñoliento que esta vagando por los pasillos transitorios del pasado. El botón adjuntado como unas memorias atrapadas en la cartelera a la que solo los pasajeros miran. Si, no están interesados en los sentimientos de otra gente. ¿Quién más se preocupe por un amor que mató a una alma inocente? ¿Quién más tiene la voluntad para echar una mano de amistad, de ayuda? ¿Quién más tiene la fuerza para sobrevivir la mañana entrante? Quién más… ¿Quién más puede enfrentar el aliento de la verdad?

Selena y Zios

Las mariposas de tristeza están escribiendo su cuento. El canto y el ahogo del corazón al que amaban, a veces...

El anatema dicho en el momento de la creación de la madrugada en la explosión de la diosa Selena. La batalla de amor con Zios produjo...un animal maldiciéndoles, que les devoraría por el amor...

Los dientes infectados por la sangre de sus corazones. Un momento que perdura.

La revuelta

Estás sentado, pensando en las cosas que tienes y en las que no tienes. ¿Qué has perdido en algún lado, caminando todo recto, solo, con tus pensamientos? Te haces preguntas si eso fuera amor, lo quieres de nuevo, pero te preguntas si te ha visitado alguna vez...

La rabia, el silencio y la revuelta. Te sientes como si tuvieras la fuerza para destruir la mitad del mundo, pero entonces realizas que eres solo un apestado pedazo de mierda en el baño público en la estación de autobuses, la de que nadie se recuerda, ¡ni siquiera las moscas! ¿Es eso el valor de la vida sin amor?

M y S

La blancura que nos rodea, a veces no basta. El aliento del pensamiento que viene con un latido suave.

La gota que tiembla en el parpadeo de la desaparición. El paso que sacude en la expectación del aria aplastada del pensamiento inanimado.

Sin embargo, el vuelo en algo sobre que el mundo no ha hablado, la soledad.

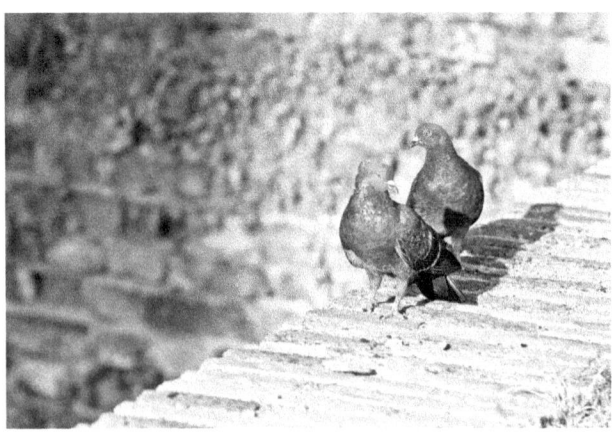

La ciudad prohibida

Las llaves perdidas hace mucho tiempo. La búsqueda va del este al oeste, del polo norte al polo sur. La puente está derrumbada y es imposible cruzarla, la tierra.

La verdad sobre ausentes dedos en el cabello. Labios soñolientos de la bella durmiente, son de nuevo un mito en el torre más alto de la fortaleza inconquistable.

La voz del cuervo, 'nunca más', está lentamente desapareciendo en el pasado, en algún momento de la segunda Guerra mundial.

Otra vez, las armas, para… la ciudad prohibida.

Sangrientas arrugas de aire

El corazón negro palpitaba a través de pasillos de las habitaciones olvidadas, en algún lado… ¡dos metros en el subterráneo! "La destructora de esperanza", es como la llamaban. Sí, a ella le gustaba follar los viernes. Ella mismo lo dijo, sin aceptar ese nuevo apodo que le dieron esos miserables.

Sangrientas arrugas del futuro helado, partían el aliento en trozos que amaban. No era su preocupación, cómo el tronco iba a caer, sin embargo, lo miraba. Otra rama rasgada por los rituales pródigos en el oscuro bosque del dolor.

El aviso del peso del corazón, una piedra tirada, golpeó al regazo de un ángel caído. Una pluma roja y otra negra, flotaron al lado de un cuerpo ahogado en un charco, largo como para contener una sola lagrima.

La cuestión sobre un pensamiento…

La objetividad del subjetivismo en los tiempos de locura

Los fetos solitarios flotaban en la piscina llena de sangre, nuestra sangre, en la que nuestras manos se habían fundido, dejándonos caminar por ahí como unos medios-zombis sin rastro de algún pensamiento. El sol que ascendió de esa misma piscina, quemaba nuestra piel, haciendo gritar las ampollas de un monstruo que pensaba en sublimidad del dolor masoquista. El sadismo ya por mucho tiempo es una parte redundante del canibalismo.

Una mesa de sacrificio de una madre dando luz a sus hijos muertos, como una advertencia para los muertos vivientes entre nosotros. Unos cachorros débiles y hambrientos, les miraban con sus ojos rabiosos, con las babas que acumulaban polvo alrededor de ellos.

¡Ni una sola palabra más! ¡Que lastima por el último círculo del infierno! Es indignante…

La sangre agitada, lanzando los nadadores muertos a la multitud hambrienta, sedienta y codiciosa por los llantos de otra gente. ¿De verdad no oís el terliz de sus corazones secos? ¿El crujido de sus pulmones quemados y llenos de ajenjo? ¡No!

. . . ¿Las alas se queman con un solo aliento de la 'vida'? Ja ja ja…

El rastro de sangre en el vestido de novia negro de una viuda

Viajando por tiempo. El paso, que no estaba. Un latido en truenos, la batalla de gotas...por el aliento. Ella rompió un conjunto en cinco pedazos y les enterró con sus lágrimas en el cementerio histérico, durante el rezo de los miserables en el olvido.

La sangre escurría y derramaba de las yemas de los dedos manchados con lodo, al borde de su vestido de novia negro, mientras ella paseaba a través del ocaso, llevando solo una rosa negra, en vez de una brazada de las blancas. Ella era una puta. Sí. Le importaba un bledo por los demás. Follaba por placer, no por el dinero, como otros sugerían y hablaban por el barrio. Incluso decían que era una viuda negra que había mandado al otro mundo todos sus amantes, cada uno de los cinco.

Nadie quería escucharla, tomarla de su mano sangrienta en los tiempos brutales de su anorexia. Sabían tomar de ella, pero nunca dar,

44

y ella…follaba, con el destino esta vez. Apasionadamente, lentamente, ¡hasta el final! Chillaba su propio nombre. Se hacía eco de cada suspiro suyo, en sus cañones, llamando a…la próxima víctima. Llamando a sí misma, en el infierno sin fin, como el universo y la estrella desapareciendo en su propia creación.

Despacio, estaba perdiendo su razón. Convocó los leprosos, que estaban andando en la mierda del pasado, para que le ayudaran, pero ellos estaban ciegos para su llanto. El pensamiento. La soledad. El corazón está acelerando sus latidos. Ella abrazaba los troncos cortados, sumergidos en el fango en el que solía nadar los viernes, masturbándose con el pie cortado de una animal a la que ya había comido hace unos meses.

Ella estaba buscando por la marisma de memoria. Intentaba a recordarse del momento en el que había manchado con sangre a su vestido de novia. Intentaba. Todo lo que quedo ahí, era un rastro de sangre en vestido de novia negro de la viuda.

El aria de la muerte

Los océanos superficiales, solo son una parada más par las cosas científicas. Eso lo sabía ella, mientras un ángel estaba cayendo en un abismo. Poco a poco, dejo de ver la privación de algo que no era necesario. El grito en la garganta de las lágrimas calientes, que fluyen hacia una línea, la que fue la verdad sobre su odio. Ella detestaba los ecos, por donde sea que se aparecieran. El tiempo fue el culpable para su ceguera, su inhabilidad.

Los gritos de la muerte, uno después del otro, se repetían cada día. El dolor que llevaba en su sonrisa. Estaba contando la historia de mantisa, estallando en trozos bajo de las caricias tiernas de relámpagos. ¿Es eso la mentira? ¿No hay una necesidad por la muerte como esa? Las cuestiones desaparecieron en los ojos vacios de los esqueletos del futuro. Ella miraba con el vacío en lo bien conocido, detrás de ella.

Existían las huellas de la cal, los cuales anunciaban una tormenta mimosa, que no quiso empezar, pero que era valiente. El hilo quemado fue cortado como una pintura que nunca iba a encontrar su creador. Un paseo por la medianoche, por niebla de cosas rápidas, solo una lámpara más hacia sol. ¡No, ella nunca se ha preguntado!

El momento de la verdad

Los pasos lentos a través de unos ojos lagrimosos y llenos de amor, el derrumbo de las ilusiones y las mentiras de la gente estúpida sobre la ausencia de la virtud. La sonrisa de un bebé recién nacido, y el último momento de la verdad sobre el amor maternal dentro del hogar afectuoso. El momento de la verdad de la mujer cariñosa, cuyo único amor se va a la guerra, y los rezos a los cielos con ojos lagrimosos y cariñosos. El momento de la verdad cuando la fortuna no está jugando al borde de la vida, sino esta abrazándolo con ternura, en los momentos en los cuales la soledad desaparece. El momento de la verdad cuando la familia está en correlación con los cielos soleados, los cuales diariamente facilitan nuestro camino. El momento de la verdad en el cual nuestros amigos son un templo sagrado del amor, el que respetamos y defendimos de los enemigos con nuestras vidas. El momento de la verdad en el cual yo amo de nuevo, con mis pulmones llenos y aspiro la felicidad que he esperado tanto. El momento de la verdad cuando dejo de tener miedo de la vida debajo del sol, porque no estoy solo. El momento de la verdad cuando cada guerra en el sendero de la vida es solo un juego pequeño. El momento de la verdad cuando ¡yo estoy la persona más feliz en el mundo entero!

Editado por:
Emina Grbo

Traducido por:
Ana Bojovic

Ilustrado por:
Magdalena Stankovic

www.ingramcontent.com/pod-product-compliance
Lightning Source LLC
Chambersburg PA
CBHW071728170526
45165CB00005B/2203